MARIANA RODRIGUEZ SAIACH

LAS VOCES DE LOS SUEÑOS
(“¿PESADILLAS?”)

EDITORIAL DUNKEN
Buenos Aires
2025

Rodríguez, Mariana Laura
Las voces de los sueños : ¿Pesadillas? / Mariana Laura Rodríguez ; Ilustrado por ileana Andrea Gómez Gavinoser.
1a ed. - Ciudad Autónoma de Buenos Aires : Dunken, 2025.
64 p. : il. ; 16 x 23 cm.

ISBN 978-987-85-4672-8

1. Poesía. I. Gómez Gavinoser, ileana Andrea , ilus. II. Título.
CDD A861

Corrección: Kelly Gavinoser.
Ilustraciones: Ileana Andrea Gómez Gavinoser.

Ayacucho 357 (C1025AAG) - Capital Federal
Tel/fax: 4954-7700 / 4954-7300
E-mail: *info@dunken.com.ar*
Página web: *www.dunken.com.ar*

Hecho el depósito que prevé la ley 11.723

e-mail: marlaurodriguez@gmail.com
ISBN 978-987-85-4672-8

DEDICATORIA

A mis hijos Helena y Bautista, mis más grandes premios.
A mi esposo que es la fuente de mi crecimiento personal.
A Kelly, mi gran amiga y guía.
A Ileana, que siempre creyó en mí.
A mi familia, que apostó para que cumpliera mis sueños.

EDADES

Amparé cuatro edades al dolor.
Lo terreno lo añejo ESPERA para eclipsarse.
Ayer afianzaba columpios tibios.
Hoy brama la rama la roja hierba y
el ratón abraza a Cenicienta
ahogando mi cuento infantil.

PESIMISMO

Cristal:
en vano muestras tu luz
como las lágrimas amanecidas ausentes.
Solo dolor
como una memoria estremecida
por aquellos miedos mudos de la infancia.

ESPEJOS DE COLORES

Tú

él que aquietabas el pleno cobre
y hacías crecer un plomo en el estómago
de los muñecos de trapo
uno a uno contiguos en la repisa.

Tú

que cantabas a la luz de pasillos
a los cerrojos
a los que nunca pude
encontrarles la llave.

Tú

que alimentabas el ánima
de uvas confitadas y redondas.

Tú

que exhibías con sonrisas
el hueco y miserable y atontado argumento
de ser el ser y del es que es aunque no sea.

Tú

que querías tapar los nubarrones de los cuartos
con tontos soles azules de cartón
y dormías en el techo de la estúpida felicidad
sin vergüenza y descarada.

Tomaste el frasco hasta ese antes neutro y farmacéutico
y amarrado a la muerte me dijiste
que el atisbo de verdad mata la idea.

CONCIENCIA

Aquieto lo que surge y embiste
doblego la serpentina en el eco de la garganta y
marcho hacia la espalda   gris   adormecida y
leo con eco y sin ruido y
hasta desclavo todas las flores de mis venas y ¿las cenizas?
mueven un viento nacarado
al que no me importó nunca ahogar.
Con la cartulina y el foco
dormiré tal vez y acaso si despierto
no aceptaré ni los tules ni los presagios que bebo porque
ocupan visiones no comprensibles
a tu conciencia tan plena.

Sueño un arcano colgado y
                    una cruz no en el borde de tu pecho.

SIN DESCANSO

Azulo todas las noches de incendio
cuando el hexágono-hielo
cruza lento y en suspenso
el ojo
que se bifurca
en dos centros:
siempre es el negro
NO el blanco
NO la suma
avanzando
dudando.
Sí proferir desbordes
u opacar todas las gamas:
de frente.
Aquí:
seco el tornasol.
NO HAY MÁS ALMOHADA.

ESTRUCTURA EN CUERPO-ALAMBRE

Maniquí de cuerpo
de blanco cuerpo rama
y pocas hojas
niña quieta de mano
señalada y señalante
al cuerpo teje alambres
y viste ropas
quieta   como la moda
que viste las cinturas
y arranca las cabezas
ahuecadas de satén y muselinas.

Ella pensó en el retorcido acero
de la falda acampanada
en la estructura fija de las telas
que simulan un cuerpo
que no estaba.
PRIMERO
                                        esperó tela
                                        esperó hilo
                                        esperó tacón y capa.
Surfiló su boca un día
de belleza sin canto y sin presagio
y convirtió el ensueño
de las cintas al bies y del bordado
en el escenario carente de palabras
en este muro
que señala   mi mano.

CONTRADICCIÓN

Antropófago del mundo espera
a que muerda la tierra
a que coma mis ojos
a que degüelle la esperanza
de mano hueca y homicida
para dejarme sin el brote
para que olvide la ceniza.

MUNDO

Cabezas de héroes
de peluquería
de monarcas
de reyes y tan distinguidas.
Cabezas   Cabezas   Cabezas
a la nada asidas.
Cabezas tan nobles
y tan de revista
todas estarán en la estantería
cuando la mano corte sus pálidas vidas.

MUERTE NÍTIDA

Zafiro negro:
¡Quédate así!
Tú, luz serena,
deja a esta piedra
de noche hecha
sin transitar.
Déjala ya.
Para que incruste
en el alto cielo
uno por uno
su oscuridad
y no me encuentre
no se detenga
la blanca niña
con su maldad.

ÁRBOL SOMBRA

Envejecido en ranuras secas
se acerca y lo mira
y huele el roble de años
espejo de su savia acanalada.
Abrió la mano un día
fotosíntesis de sangre cerrada
y no pudo encestar el golpe
en el cuello de ramas.
Durmió sus dedos casi muertos
sombras de dedos   dedos de sombra
adheridos al espacio
de la hoja
de la hierba
de la hojarasca.
Sombra de mano   mano de sombra
negra silueta   vicio de foto
tierra mojada
brazo de sombra   sombra de brazo
que abraza mundos
de lechos verdes   del verde lecho.

NANA PARA NO DORMIRSE

Para que no pregunten por mi horror
para que no lo digan
borraré las cicatrices nauseabundas.
Asistirán al milagro
llorarán
                    y arrojarán un león
en el arrorró de sus días.

Ya pueden dormir
no se preocupen.
La infancia no maltrata
                    no desvela
no roba las hadas
ni los duendes.
Duerman…
duerman.
Y
si   no…
para todos hay una herradura
un trébol verde
un pez en el aire.
No lo sé.
¡Qué importa!
¡Qué me importan todos ustedes
que me miran
todos ustedes que me leen
todos ustedes que me lloran.

Déjenme aquí en mi laberinto:
Sola
con un lápiz
sola   arrojada
sola para que olviden
sola
sola
sola.
                                   Yo estaré en la cuna de sus niños.

REPOSO

Escalpelos de angustia atraviesan mi piel
con el repetido NO
con el repetido NUNCA.
No sucumben espejos repetidos
no mueren por escapar
a esa voz
pero la voz
de esta voz
de malditas voces cuajadas
morirá con la poca salida
que les dejo.

EVOCACIÓN

Una extensión añeja a la
nube.
Experimentadas
dormían sus frágiles manos de
jóvenes dolores
que acicateaban los pisos
y se volvían espaldas.
Un círculo y cuatro rayas
y el descenso
y el secreto mordido
y la piedra instalada.
Un brote acarició
el hielo
y las venas de ese brote
una a una goteaba
en la Tierra
y en el cuarto cerrado
con las pupilas abiertas
al extraño ocre de las paredes.
Una marca
una cicatriz
un surco
dos o tres visiones
sin Sol
sin amanecer
sin ocaso.

Una cara
que no era rostro
que no figura
que no cuerpo.
                                        Una señal sin conducto
                                                        sin pasadizo.
Una hierba.
Una planta
moría
dolía
marchitaba
sepultaba
fenecía.
Era ocaso de vida.
Una proporción
una desproporción
una sin llanura
hábil   deforme
agreste y sin mí
            sin ti
            sin los dos.

EL TÚNEL

Creyó interpretar esos signos
esas cartas breves polisémicas
como traición amor
como epidemia.
Lejos del amor amor que sana y miente
interpretó con fe del que no cree
que ella era su puente y su lamento.
La imaginó perfecta   redondeada
y la atacó feroz y fácilmente.

UNA MANCHA ROJA

El garabato de la silueta
en deformidades irresueltas
sin dirección.
Circulares
sin su círculo.
En el papel en blanco
con relieves negros
esa figura sin figura
detrás de él
bajo él
y en el medio
con bordes negros   una mancha roja
con relieve luna
viva
en movimiento
ondulante
pesadillesca
suicidada
ante el ojo dorado
                    del último niño
                              HOMICIDA.

CARÁCTER

Fosforecía   así
"¿LO VES?"
y qué hacer
con el argumento de la figura
cuando el fondo del paño
quiere seguir bordando.
El fosforecer es una línea desatenta
ignora la cortesía de mis muñecas.
Frente a su reino resaltado
mis letras RABIOSAS diminutas
ocultas en los bastidores de papel
encuentran un fosforescente-carruaje-mano grúa
y

se vuelven titulares
resisten almanaques.
Hoy las llevé al sillón freudiano: y
las muy tontas se ubicaron detrás
del café dulce.
FOSFORECÍA
LA PALABRA

diminuta

SUICIDABA.

INCONEXAS (I)

Cae
aletargada por el muro
fría y ajena
al movimiento del árbol.
Cae
sin sentido
dolorido fruto
no asido
por las raíces.
Respira tú
hoja verde.
La amarga tierra
embarra
una por una
las hojas distintas.

INCONEXAS (II)

Que la caída
sucumba.
Es el paisaje certero
de las hojas
amarillas
hasta ti.

INCONEXAS (III)

Bajo
tus ojos de acero
hoy empalideció
una hoja
del último árbol
que amé.

DELANTE DE

entre la vertiente de un tiempo
GUERRA.
Según la gota el lodo esperó
para vestirse de rosa y escándalo.
Sobre la mesa aquieté el murmullo de la muerte murmullo.
Con su mano rápida y sagaz
a deshora revistes lo que escondo:
palabras   letras   manos y yo
desde el ojo fijo
en el núcleo perfecto y tranquilo del silencio
sacudo el hastío
sin   la   m a l d i t a
ILUSIÓN.

AJENAS

Me muevo
sin ser vista por el silencio
que atrapa el cuello
de mi memoria.

En una esquina estaré
no con uno
sino con todos los silencios
porque la cruz de mis brazos
y todos los clamores
nunca se acunaron

EN LAS PALABRAS.

MUESTRA

Te amaba
tanto
que
arrojé
tus espinas
en la puerta.

En alto
los pétalos…

Y LOS SOPORTÉ.

VICTORIA

Victoria. Nace la victoria
del grano de trigo
que sembré para tus labios.
No se nutrió
ni de tus glosas ni de tus encantos
ni de tus besos ni de tu sol sobre mi tierra.
Dejó de ser semilla.
Esa simiente es mi triunfo:
tu cercanía.

¿DUELO DE PIEL Y CORAZÓN?

No te flageles
ni con surcos ni con cicatrices.

A corta edad lo supe:
la peor guerra se libra entre las fuerzas de la propia alma.

SOLEDAD

Sobre tu infierno
cuando gobierne el espanto
dormirá mi haz de luz sin el roce de tus manos.
Sobre tu cielo
cuando sujetes la dicha
dormirá mi sonrisa
sin tu mirada.

MI BIEN

No me pueden apartar
aunque me sesguen
en dos o tres partes.
Ni la autoría
del lápiz de mi mano
es viva imagen del hechizo
que persigue
a una cautiva.

ENCRUCIJADA

Si te olvido
habitas bajo mis venas
como una tierna punción.
Si te pienso
caldeas mi espalda
como un doloroso placer.
Si accedo
descansas tu mano en mi cuerpo
como mi principio.
Y si sales de mi habitación
rabia mi soledad como una lágrima.

ZAPATEANDO

Ayer dormía un zapato bajo mi cama
que lentamente sorbía las probables piernas
y se robustecía.

Mañana caminará el sonámbulo hombre de anteojos.
Todavía ese diminuto hombre de traje gris pintado
seguramente vivo por la no simetría
quizás
reviente el piso de costado.

OPUESTOS

Muchas líneas de hebras tensan
tiempos de nubladas estatuas
que emergen sangrantes del tibio ayer
y se hunden toscos
                    en lo no nunca.
Morían   atragantados
                    de siempres
                    que no se reflejaban en su espalda.
Ceñían su garganta
                    sin esperas.

CEGUERA

Te amo con mi sangre sobre el vidrio roto
clavado en mi piel.
Así duele el amor de los amores
con vómito de rosas y de sangre.
Es el amor que invade
una pared que calla.
De nubes no está hecho
el amor que me mata.
No es vertiente
del fuego que abraza y que abrasa
ni cementerio de nombres
que dejé en la alborada.
Nutrientes de LUNA
fueron rosas tempranas.
No desarmes los brazos
para alcanzar la explanada
hasta la tierra muerta.
Salta
cuando la cavas.

EL TIEMPO

Bienestar de escándalo
su pelo suelto:
se fue sin mí.
No cumplió su pacto
de triunfo.

(Sal de mis metas
COBARDE
HIPÓCRITA.)
Deformó para mi vuelta
ágiles cuadrantes
pinturas de ayeres
que imagino exagerados.

Para levantarme de aquí
de este lecho
que hoy escupe mi interior.

EL SILENCIO

No cierto   no mío.
Ocupa un espacio y un tiempo de la forma
y acaricio los puñales que te amaron.
Para clavar verdades que hoy no entiendo
guardé una canción infante y una actitud enhiesta y previsible.
Hoy
voy a acaramelar todas las ventanas
y
aunque succiones lo dulce   lo abierto
yo
          ALTIVA
modelaré los huesos del engaño
y
morirás creyendo que yo huía.

TEMÍ

que el palco fuera ventana
y qué   si caigo por el barandal de bronce
y luego subo una vez a tu escenario
y te dedico la lágrima y un rezo
y qué   si el collar come pasto para no ser fruta.

Entonces

entibiaré todas las perlas de tu almohada.

No me alcanza.   No me alcanza.
Me excede (él) el barandal.

Voy a esperarte con la mesa puesta y con palabras-cuchillos
y si caigo… ¿Qué   si caigo?
No habrá estómago que arroje
mi letra en tu garganta.

REFLEJOS

Mes a mes reflejos corren
como anillos de un solo arco y
rara vez el hielo me sacude.
Invento hilos del discurso y
el ovillo escapa de la ira y
del oscilante pudor de no vivir.

INFINITIVO

Incomprensible circular
y un tosco adiós
detrás del insensato golpe del reloj.
Sus infatigables lágrimas interminables
por querer en el tiempo
su curso
su derrotero
su no aventura
ahogaron el unánime "hasta luego".
Se creía inmortal
dueño de un adiós
y cuatro espejos
pero accedía al ojo inhabitado
de una soledad y dos espadas.

IRONÍA

Falacia el laberinto
hacia sus manos
y la cercanía de sus huesos.
Fortuita la conjetura del acercamiento.
Hoy prendí una lámpara en medio del incendio
y el irrisorio pájaro me mostró
su última mueca mortal.

MUECA DE MUÑECAS

Apunten a ese velo que gobierna los ojos de mi llanto.
Yo quería tirar al piso todas las espadas
visitar tranquila los espacios
y morir de verde
para revestir el sol y la fruta.
Las muñecas ocupan el espacio de la dicha
y sus muecas no cambian:
se eternizan.
Hay una mueca de muñecas que vuelve a mi pesar
cuando trepana mis venas suculentas.

REBELDÍA

Contra lo breve
veo
cúmulos de espejos.
Contra lo tuyo
payasean dos o tres salvoconductos.
No esperes.
Contra las pistas de arena
no te arrepientas
ni de rojo ni de azul.
Toma los gajos de la paz
y arrástralos
contra el mundo
aunque te postre la posteridad.

DIPLOMACIA

Yo vestía los cúmulos de rosas
y amenazaba el azul con la sintaxis.
Cuatro ruedas me tiñen las paredes
y lo amargo del acíbar se distiende.
¿A qué atenerme?
¿Al bermellón o
al té insalubre de canela?
Yo doraba el salitre de las lágrimas y
abedules trepaban por mis ojos.
Cuatro ratas sostienen la mentira.
¿A quién dirijo la fábula?
¿Al tonto
al loco
o al cansado?
Lanzaré la platería por la puerta mestiza
del rival y el entenado.

APELACIÓN

Qué   es
la demanda?
¿Juicio?
¿Castigo?
¿Espera?
          De costado
                    una boca sangra las palabras.

VISIÓN

Cantabas
y una magnolia acechaba todo tu cielo.
Cantabas
y sorprendías.
La boca se te incendiaba de dudas
y yo
tan ausente de mí
comprendía…
Cerca
tan cerca…
y
desgarraba.

PROPIO

Niebla… Niebla…
y una niña… tal vez
niebla y cuatro nubes.
Unos ojos a la distancia.
Yo
y el letargo níveo y nítido
yo
y el "ni" con esperanzas y el "ni" de todos los ruidos.
Ruidos
más pesadumbre
y un rincón
ostentado por la niña.

SIN

Hay un lejano adiós que ya no aúlla
y un bruto con ases en las manos.
Decodificar el inventario de las muertes
puede arrastrar más muerte y con sus manos.
Hay un templo que ya no me visita
y un ruiseñor atado a mi garganta
una huella
una cítara
y una uña que escarba de costado
y quiere amar el tiempo de lo muerto
del frontispicio
del ayer
del triste ayer.

METAMORFOSIS

y un punto claro
resuelto
para hoy
para el tiempo
de sábanas prístinas
pero hay un arco áspero   dormido   y
eclipses
varias simultáneas   y
derivadas concatenaciones
y un YO
        que espera.

ÍNDICE

Made in United States
North Haven, CT
10 November 2026

22091509R00036